# Ciclo de vida de
# La rana

## Angela Royston

Traducción de Patricia Abello

Heinemann Library
Chicago, Illinois

© 2003 Heinemann Library
a division of Reed Elsevier Inc.
Chicago, Illinois

Customer Service 888-454-2279
Visit our website at www.heinemannlibrary.com

All rights reserved. No part of this publication may be reproduced or transmitted in any form or by any means, electronic or mechanical, including photocopying, recording, taping, or any information storage and retrieval system, without permission in writing from the publisher.

Designed by Celia Floyd
Illustrations by Alan Fraser
Printed and bound in the United States by Lake Book Manufacturing, Inc.

07 06
10 9 8 7 6 5 4 3

**Library of Congress Cataloging-in-Publication Data**
Royston, Angela.
   [Life cycle of a frog. Spanish]
   Ciclo de vida de la rana / Angela Royston ; traducción de Patricia Abello.
      p. cm.
   Summary: An introduction to the life cycle of a frog from the time it is a tiny egg laid in Water until it is two years old.
   Includes bibliographical references (p. ) and index.
   ISBN 1-4034-3015-2 (HC)—ISBN 1-4034-3038-1 (pbk.)
1. Frogs—Life cycles—Juvenile literature. [1. Frogs. 2. Spanish language materials.] I. Title: Rana. II. Title.
QL668.E2 R65618 2003
597.89—dc21
                                                      2002038806

**Acknowledgments**
The author and publishers are grateful to the following for permission to reproduce copyright material: Bruce Coleman/Hans Reinhard, p. 21; Bruce Coleman/Jane Burton, p.14; Bruce Coleman/Kim Taylor, pp. 20, 23; Bruce Coleman/William S. Paton, p. 22; Natural Science Photos/O. C. Roura, p. 13; Natural Science Photos/Richard Revels, pp. 6, 11; Natural Science Photos/Ward, p. 18; NHPA/David Woodfall, p. 27; NHPA/G. I. Bernard, p. 15; NHPA/Melvin Grey, p. 26; NHPA/Stephen Dalton, p. 4; OSF pp. 5, 10; OSF/David Thompson, p. 9; OSF/G. I. Bernard, pp. 7, 16, 24; OSF/Paul Franklin, pp. 8, 12, 17; OSF/Stephen Dalton, p. 19; OSF/Terry Heathcote, p. 25.

Cover photograph: Colin Varndell/Bruce Coleman

Every effort has been made to contact copyright holders of any material reproduced in this book. Any omissions will be rectified in subsequent printings if notice is given to the publisher.

Unas palabras están en negrita, **así**. Encontrarás el significado de esas palabras en el glosario.

# Contenido

Así es la rana . . . . . . . . . . 4
Una masa de huevos . . . . 6
Salida del huevo . . . . . . . . 8
Renacuajo. . . . . . . . . . . . . 10
Ranita . . . . . . . . . . . . . . . 16
Rana . . . . . . . . . . . . . . . . 20
Apareamiento . . . . . . . . 24
La vida en la charca . . . 26
Ciclo de vida . . . . . . . . . . . 28
Datos de interés . . . . . . . . . 30
Glosario . . . . . . . . . . . . . . 31
Más libros para leer . . . . . 32
Índice . . . . . . . . . . . . . . . . 32

# Así es la rana

Hay muchos tipos de ranas en el mundo. Esta rana vive en los árboles. Otras ranas viven en los **pantanos.** Todas las ranas viven cerca del agua.

 1 día

 1 semana

 2 semanas

 5 semanas

Las ranas son anfibios. Eso significa que pasan parte de su vida en el agua y parte en la tierra. La rana de este libro es una rana común.

12 semanas   14 semanas   6 a 12 meses   2 años

# Una masa de huevos

La vida de la rana comienza como un huevito puesto en el agua. Estas ranas acaban de poner masas de huevos en una charca.

 1 día

 1 semana

 2 semanas

 5 semanas

Los huevos se pegan en una bola gelatinosa. El punto negro que se ve dentro de cada huevo es un renacuajo diminuto.

12 semanas

14 semanas

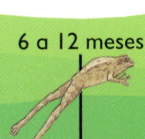
6 a 12 meses

2 años

# Salida del huevo

Aunque los peces y otros animales se comen los huevos, cientos sobreviven. Los renacuajos van creciendo cada vez más dentro de los huevos.

| 1 día | 1 semana | 2 semanas | 5 semanas |
|---|---|---|---|
|  |  |  |  |

Un día los renacuajos salen de los huevos. Se quedan pegados a la masa de huevos hasta que la cola les crece y pueden nadar.

12 semanas

14 semanas

6 a 12 meses

2 años

# Renacuajo 1 a 4 semanas

branquias

Las **branquias** toman **oxígeno** y así el renacuajo puede respirar dentro del agua. Cuando el renacuajo se transforme en rana las branquias desaparecerán.

1 día

1 semana

2 semanas

5 semanas

A muchos renacuajos se los comen
los insectos acuáticos y otros animales.
Los que sobreviven se alimentan
de plantas y se van haciendo más
grandes y más fuertes.

12 semanas

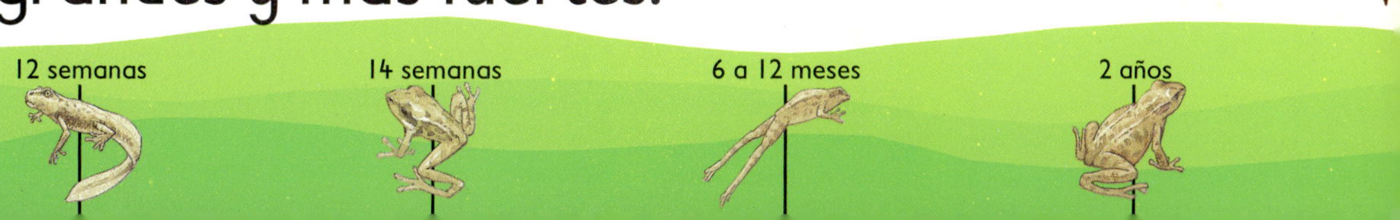

14 semanas

6 a 12 meses

2 años

patas traseras

**5 semanas**

El renacuajo comienza a transformarse en rana. Las patas traseras crecen primero.

1 día     1 semana     2 semanas     5 semanas

Al renacuajo le salen **pulmones.** Ahora el renacuajo nada hacia la superficie del agua para tomar **oxígeno** del aire.

12 semanas

14 semanas

6 a 12 meses

2 años

# 5 a 12 semanas
saquillos de las branquias

Las patas delanteras del renacuajo están creciendo dentro de los saquillos de las **branquias.** Los saquillos ahora están abultados. Muy pronto saldrán las patas.

1 día

1 semana

2 semanas

5 semanas

pulgas de agua

El renacuajo todavía usa su larga cola para nadar entre las plantas. Con su ancha boca atrapa pulgas de agua y se las come.

12 semanas

14 semanas

6 a 12 meses

2 años

# Ranita            12 semanas

¡El renacuajo ya casi es una ranita! La cola es más corta. Ahora nada con las largas patas traseras y los **dedos palmeados.**

 1 día

 1 semana

 2 semanas

 5 semanas

La ranita ya no tiene cola. Sale del agua y trepa a una hoja. Mira a su alrededor y está pendiente de cualquier ruido que indique peligro.

17

12 semanas

14 semanas

6 a 12 meses

2 años

# 3 meses

Las ranitas pasan tiempo fuera de la charca. Se posan en lirios. Se esconden debajo de hojas y piedras.

1 día

1 semana

2 semanas

5 semanas

La piel de la ranita es muy delgada y no se debe secar. La ranita vuelve a zambullirse en la charca para mojarse.

| 12 semanas | 14 semanas | 6 a 12 meses | 2 años |
|---|---|---|---|
|  |  |  |  |

# Rana  3 a 6 meses

La rana tiene hambre. Se queda muy quieta y espera. Saca su larga y pegajosa lengua y atrapa un insecto.

1 día

1 semana

2 semanas

5 semanas

Esta serpiente es un depredador. La rana la oye deslizarse por el suelo en su dirección. Se echa rápido a la charca.

| 12 semanas | 14 semanas | 6 a 12 meses | 2 años |
|---|---|---|---|
|  |  |  |  |

**6 a 12 meses**

22

El invierno llega y hace mucho frío. La rana busca un agujero en la orilla donde pueda protegerse del frío. Allí **hibernará.**

1 día

1 semana

2 semanas

5 semanas

En la primavera se despierta con mucha hambre. Sale del agujero y se va a buscar alimento.

23

| 12 semanas | 14 semanas | 6 a 12 meses | 2 años |
|---|---|---|---|
|  |  |  |  |

# Apareamiento

**2 años**

Ha pasado otro año y el cuerpo de la rana tiene muchos huevos. Los machos están croando en la charca. La hembra salta hacia ellos.

| 1 día | 1 semana | 2 semanas | 5 semanas |
|---|---|---|---|
|  |  |  |  |

Un macho se agarra al cuerpo de la hembra y se **aparean.** Después la hembra pondrá una masa de huevos.

12 semanas

14 semanas

6 a 12 meses

2 años

# La vida en la charca

La vida de una rana es peligrosa. Las aves, los peces y otros comen huevos, renacuajos y ranas. Sólo unos cuantos huevos llegarán a ser ranas adultas. Las ranas viven hasta 10 años.

1 día

1 semana

2 semanas

5 semanas

Cada primavera, las ranas adultas regresan a la charca donde nacieron. Allí se **aparean** y ponen miles de huevos.

12 semanas

14 semanas

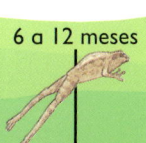
6 a 12 meses

2 años

# Ciclo de vida

Huevos de rana

1

Salida del huevo

2

Renacuajo

3

Renacuajo

4

## Renacuajo

*5*

## Ranita

*6*

## Ranita

*8*

## Apareamiento

29

# Datos de interés

Una rana puede saltar más de 10 pies, así que podría saltar desde los pies de tu cama más allá de la cabecera.

Las ranas pueden respirar a través de la piel y por la boca.

Cuando una rana sale del agua por primera vez, es más o menos del tamaño de la uña de tu pulgar.

La rana más grande que existe es la rana goliat. Vive en África. Es tan grande que puede comer pájaros pequeños y ratones.

# Glosario

**aparearse** cuando un macho y una hembra se unen para tener cría

**branquias** parte del cuerpo que sirve para respirar en el agua

**dedos palmeados** dedos unidos por una capa de piel estirada

**hibernar** descansar o dormir todo el invierno

**oxígeno** gas que necesitan los seres vivos para vivir

**pantano** terreno húmedo y fangoso

**pulmones** parte del cuerpo que sirve para respirar el aire

# Más libros para leer

Un lector bilingüe puede ayudarte a leer estos libros:

Butterworth, Christine. *Frogs*. Chatham, N.J.: Raintree Steck-Vaughn, 1990.

Clarke, Barry. *Amazing Frogs & Toads*. New York: Crabtree Publishing Co,. 1994.

Kalman, Bobbie & Tammy Everts. *Frogs & Toads*. New York: Crabtree Publishing Co., 1994.

# Índice

anfibio  5
branquias   10, 14
cola  9, 15, 16, 17
dedos palmeados   16
insectos   11, 15, 20
invierno   22
lengua   20
masa de huevos   6, 9, 25
oxígeno   10, 13
patas traseras   12, 16
piel   19, 30
pulmones   13
renacuajo   7–16, 26
saquillos de las branquias   14
serpiente   21